서울에서 찾아보는 **민주화**
역사의 현장

gogo! 체험학습

나는 역사가 좋다 ❺ 서울에서 찾아보는 민주화 역사의 현장
© 이동엽

1판 1쇄 2002년 9월 10일 | **개정판 발행** 2010년 4월 14일

글 이동엽 | **본문 그림** 이원희 김상민 | **캐릭터** 김상민 | **펴낸이** 강병선

책임편집 홍아람 정혜경 이복희 | **디자인** 김선미 | **마케팅** 장으뜸 이귀애 서유경 정소영 | **온라인 마케팅** 이상혁 한민아

제작 안정숙 서동관 김애진 | **제작처** 영신사

펴낸곳 (주)문학동네 | **출판등록** 1993년 10월 22일 제406-2003-000045호

주소 413-756 경기도 파주시 교하읍 문발리 파주출판도시 513-8

전자우편 kids@munhak.com | **홈페이지** www.munhak.com | **카페** cafe.naver.com/kidsmunhak

대표전화 (031)955-8888 | **문의전화** (031)955-3579(마케팅) (031)955-3581(편집) | **팩스** (031)955-8855

ISBN 978-89-546-1065-0 64000 | ISBN 978-89-546-0554-0 (세트)

이 도서의 국립중앙도서관 출판시도서목록(CIP)은 e-CIP홈페이지(http://www.nl.go.kr/ecip)에서 이용하실 수 있습니다.
(CIP제어번호: CIP2010000928)

서울에서 찾아보는 **민주화**
역사의 현장

글 이동엽

go go!
체험학습
나는 역사가 좋다 ⑤

문학동네

아, 서울! 그 아름다운 민주화 현장으로

우리의 현대사는 민주화를 향한 역사라고 할 수 있어요. 현대사는 우리와 매우 가까이 있는 역사이며, 우리 삶에 가장 큰 영향을 준 역사이지요. 하지만 안타깝게도 우리가 잘못 알고 있거나, 잊고 있는 것이 많아요. 여러분이 태어날 때만 해도 이런 주제로 책을 쓰는 것은 매우 조심스러운 일이었지요.

그럼 '민주화'란 무엇일까요? 대통령을 우리 손으로 뽑을 수 있는 것이 민주화라고요? 네, 맞아요. 하지만 이 글을 쓰는 저는, 민주화란 모든 사람이 존중받으면서 사회의 주인이 되는 것이라고 생각합니다. 아직도 민주화는 다 이루어진 것이 아니에요. 여전히 많은 사람들은 마음속에 그 소중한 꿈을 안고 '사람'이 존중받는 사회를 만들기 위해 애쓰고 있어요.

이 책에서는 민주화를 위해 싸운 사람들과 민주화 역사의 현장을 서울을 중심으로 살펴보려고 해요. 어떤 곳에서는 그것들을 쉽게 찾을 수 있지만, 어떤 곳에서는 흔적도 없이 사라져 그저 머릿속으로만 생각해야 할 때도 있을 거예요. 그러나 여러분이 그 장소에서 민주화를 위해 싸웠던 사람들과 같은 꿈을 꾼다면 그 꿈은 꼭 이루어질 거예요.

자! 그럼 이제부터 민주화 역사의 현장으로 찾아가 볼까요?

이동엽

차례

찾아가자, 따라가자

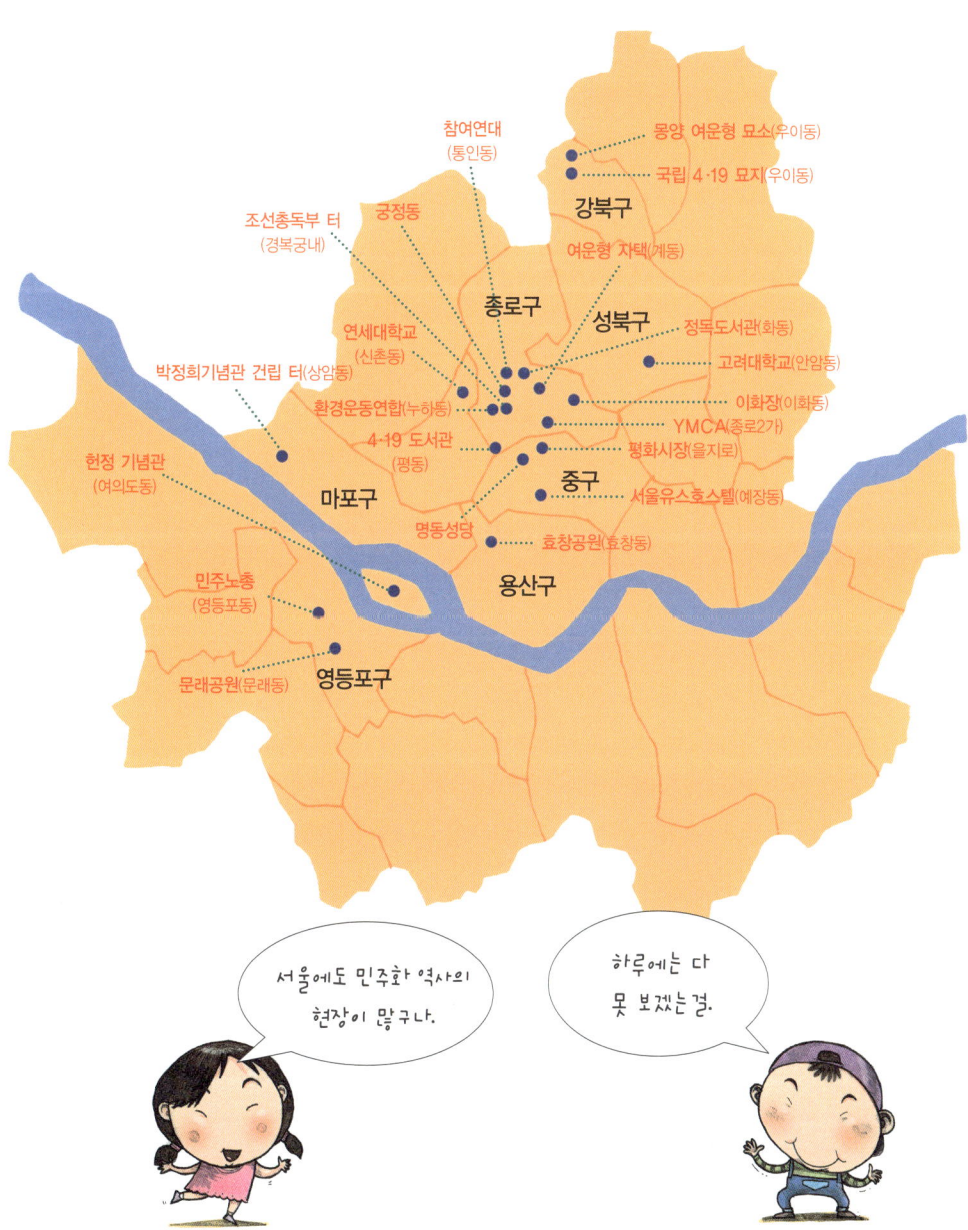

2 우리 민족 최초의 민주주의 국가, 대한민국

대한민국 헌법

전 문

유구한 역사와 전통에 빛나는 우리 대한민국은 3·1 운동으로 건립된 대한민국 임시정부의 법통과 불의에 항거한 4·19 민주이념을 계승하고, 조국의 민주 개혁과 평화적 통일의 사명에 입각하여 〔……〕 안으로는 국민 생활의 균등한 향상을 기하고 밖으로는 항구적인 세계 평화와 인류 공영에 이바지함으로써 우리들과 우리들의 자손의 안전과 자유와 행복을 영원히 확보할 것을 다짐하면서 1948년 7월 12일에 제정되고 8차에 걸쳐 개정된 헌법을 이제 국회의 의결을 거쳐 국민투표에 의하여 개정한다.

1987년 10월 29일

제1장 총 강

제1조 ① 대한민국은 민주 공화국이다. ② 대한민국의 주권은 국민에게 있고, 모든 권력은 국민으로부터 나온다.

대한민국은 우리 역사상 최초의 민주주의 국가예요. 민주주의 국가는 국민이 주인이 되는 나라라는 뜻이지요. 그럼 그 전까지는 누가 주인이었냐고요? 왕이 주인이었어요. 수많은 사람 중에 딱 한 사람이 나라의 주인이 되고 모든 백성은 신하가 되는 나라였지요.

민주주의 국가는 하루 아침에 뚝딱 세워진 것이 아니에요. 1945년 우리나라는 일본 제국주의로부터 해방을 맞이했지만, 미군과 소련군이 한반도에 들어와 군정(전쟁이나 사변이 일어났을 때 군대가 임시로 행하는 정치)을 펴는 바람에 3년간 나라 없이 지냈어요. 이때 나라를 세우기 위해 애쓴 대표적인 인물이 세 사람 있어요.

자, 지금부터 어떤 사람들이 대한민국을 세우려고 노력했는지, 그리고 어떤 일들이 있었는지 알아볼까요?

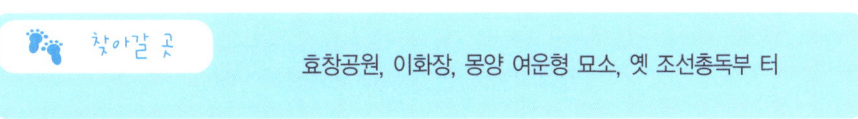

찾아갈 곳   효창공원, 이화장, 몽양 여운형 묘소, 옛 조선총독부 터

1. 김구

"반드시 통일 국가를 이루어야 한다."

백범 김구는 일제 강점기에 대한민국 임시정부를 이끌며 독립운동을 했어요. 그리고 해방된 뒤에는 통일 국가를 만들기 위해 애쓰다가 안두희의 흉탄에 맞아 암살되었지요. '겨레의 스승'이라 불리는 김구의 묘소는 효창공원에 있어요.

김구 묘소 가는 길

김구는 1947년 민족이 두 나라로 분열되려 할 때 민족에게 눈물로 고하는 글을 쓰기도 했습니다.

친애하는 삼천만 자매형제여!

미군 주둔 연장을 자기네의 생명 연장으로 인식하는 무지몰각한 도배들은 국가 민족의 이익을 염두에 두지도 아니하고 '박테리아'가 태양을 싫어함이나 다름이 없이 통일정부 수립을 두려워하는 것이다. 그리하여 그들은 음으로 양으로 유언비어를 조출(造出)하여서 단선단정의 노선으로 민중을 선동하여 UN위원단을 미혹하게 하기에 전심력을 경주하고 있다. 〔……〕 독립이 원칙인 이상 독립이 희망 없다고 자치를 주장할 수 없는 것을 왜정하에서 충분히 인식한 것과 같이, 우리는 통일정부가 가망 없다고 단독정부를 주장할 수 없는 것이다. 〔……〕 현시에 있어서 나의 유일한 염원은 삼천만 동포와 손목 잡고 통일된 조국, 독립된 조국의 건설을 위하여 공동 분투하는 것뿐이다. 이 육신을 조국이 수요한다면 당장에라도 제단에 바치겠다. 나는 통일된 조국을 건설하려다가 삼팔선을 베고 쓰러질지언정 일신에 구차한 안일을 취하여 단독정부를 세우는 데는 협력하지 아니하겠다. 〔……〕

삼천만 동포 자매형제여 !

붓이 이에 이르매 가슴이 억색(抑塞)하고 눈물이 앞을 가리어 말을 더 이루지 못하겠다. 바라건대 나의 애달픈 고충을 명찰하고 명일의 건전한 조국을 위하여 한번 더 심사(深思)하라.

대한민국 30년(1948년) 2월 10일

1. 효창공원에 있는 김구 묘소를 찾아보세요. 김구 묘소 안내판에서 김구의 업적을 찾아 적어 봅시다.

2. 백범 기념관에서 우리나라 역사와 함께한 김구의 업적을 살펴보세요. 그리고 오늘날 우리들이 기억해야 할 것이 무엇인지 생각해 봅시다.

더 알아보기

백범 김구 기념관　　www.kimkoomuseum.org
백범 김구 선생 기념사업협회　　www.kimkoo.or.kr

2. 이승만

대한민국 최초의 대통령

이승만은 대한민국 최초의 대통령이에요. 이승만 대통령은 해방 이후 이화장에서 살았어요. 조선 시대 중종 때만 해도 이화장 일대는 온통 하얀 배꽃으로 덮였다고 해요.

이승만 대통령 동상

이화장 가는 길

작은 집 한 채에 뜻깊은 역사가!

이화장에는 조각당이라는 건물이 있어요. 단출한 집이지만 유서 깊은 역사가 담겨 있는 곳이에요. 이승만 대통령이 초대 내각을 짜고 조각(내각을 조직함) 명단을 발표했던 곳이랍니다. 조각당에는 조각 당시에 쓰였던 돗자리와 나무 의자가 그대로 보존되어 있어요. 평소 이승만 대통령은 조각당 옆 오솔길에서 산책을 즐겼다고 해요. 대통령이 된 기분으로 오솔길을 걸어 볼까요?

이화장에는 이승만 대통령의 업적을 알 수 있는 자료들이 많아요. 독립을 위해 어떤 일을 했고 건국을 위해 어떤 일을 했는지 찾아써 보세요.

더 알아보기

이승만 박사 기념사업회   www.syngmanrhee.or.kr

3. 여운형

몽양 여운형

민족의 독립과 자주 국가 건설을 위해 애쓰다

우리나라가 해방된 순간 독립 국가를 세우기 위해 가장 먼저 뛰어든 사람이 누구였을까요? 몽양 여운형이었어요. 일제 통치 속에서 뛰어난 독립 운동가로 활약했던 여운형은 백성들에게 폭넓은 지지를 받으며 '조선의 왕'으로 불리기도 했지요. 해방 이후 통일 정부를 세우기 위해 좌익과 우익을 하나로 모으는 일에 나섰습니다.

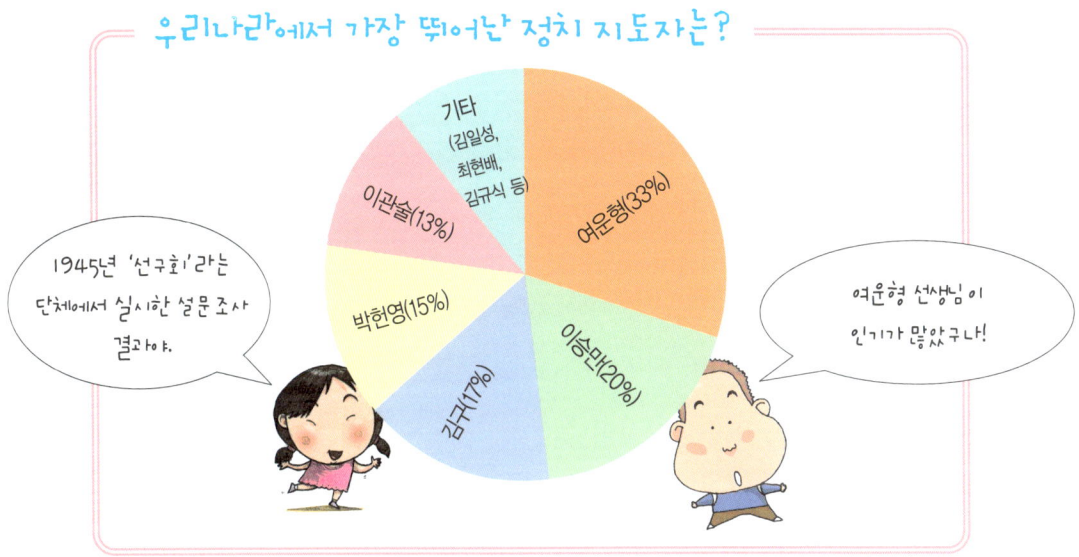

우리나라에서 가장 뛰어난 정치 지도자는?

기타
(김일성,
최현배,
김규식 등)

이관술(13%)

여운형(33%)

박헌영(15%)

김구(7%)

이승만(20%)

1945년 '선구회'라는 단체에서 실시한 설문 조사 결과야.

여운형 선생님이 인기가 많았구나!

여운형은 해방을 맞이한 다음 날인 1945년 8월 16일 휘문중학교에서 대중을 상대로 강연을 했어요. 강연 내용을 읽어 보고 그가 진정으로 걱정한 것이 무엇인지 생각해 봅시다.

조선 빈속 해방의 날은 왔다. 우리 민족 해방의 첫 걸음을 내디디게 되었으니 우리가 지난 날에 아프고 쓰렸던 것은 이 자리에서 모두 잊어버리자. 그리하여 이 땅을 참으로 합리적인 이상적 낙원으로 건설하여야 한다. 이때 개인의 영웅주의는 단연코 없애고 끝까지 집단적 일사불란의 단결로 나아가자. 머지않아 각국 군대가 입성하게 될 것이며 그들이 들어오면 우리 민족의 모양을 그대로 보게 될 터이니 우리들의 태도는 조금도 부끄럽지 않게 하여야 한다. 세계 각국은 우리들을 주목할 것이다. 그리고 백기를 든 일본의 심흉을 잘 살피자. 물론 우리들의 아량을 보이자. 세계 신문화 건설에 백두산 아래에 자라난 우리 민족의 힘을 바치자. 이미 전문대학 학생의 경비원은 배치되었다. 이제 곧 여러 곳으로부터 훌륭한 지도자가 오게 될 터이니 그들이 올 때까지 우리는 힘은 적으나마 서로 협력하지 않으면 안 될 것이다.

몽양 여운형은 어떤 사람이었을까요?

여운형은 양반 출신이었음에도 불구하고 조선의 봉건적 제도와 문화를 개혁하는 데 앞장섰어요. 기울어 가는 나라를 다시 일으키기 위해 교육과 계몽 운동에 힘쓰고, 국권을 빼앗긴 뒤에는 중국·일본 등 세계 각지를 뛰어다니며 독립운동에 온몸을 바쳤답니다.

해방 직후에는 태평양 전쟁(제2차 세계 대전) 말기부터 위험을 무릅쓰고 준비해 온 '조선 건국 준비 위원회(건준)'를 움직여 무정부 상태의 사회 질서를 수습하고, 단일 민족 국가를 세우기 위하여 좌우 합작 운동(공산주의자와 민족주의자가 뜻을 함께하자는 운동)을 주도하였습니다. 그러던 중, 1947년 7월 19일 괴한의 총탄에 맞아 생을 마감했습니다.

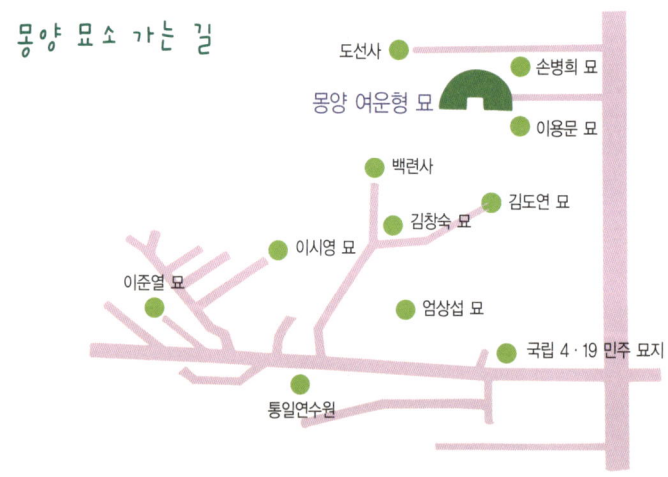

몽양 묘소 가는 길

도선사 ● ● 손병희 묘
몽양 여운형 묘
● 이용문 묘
● 백련사
김창숙 묘 ● ● 김도연 묘
이시영 묘 ●
이준열 묘 ●
● 엄상섭 묘
● 국립 4·19 민주 묘지
통일연수원 ●

현장활동

몽양 묘소를 참배하고 몽양의 업적을 기린 비문을 읽어 봅시다. 가장 기억에 남는 말은 무엇인지 적어 보세요.

칼국수집이 된 역사의 장소

지금은 아쉽게도 음식점으로 변했지만, 몽양 여운형의 자택은 역사가 숨 쉬는 곳이에요. 해방 전날에는 건국 준비 위원회 회원들이 이곳에 모여 회 의를 했어요. 또, 1947년 3월에는 침실 아궁이에서 시한 폭탄이 폭발해 집 이 무너지는 일도 있었어요. 통일 정부 수립에 반대하는 세력의 테러로 추 측할 뿐 범인은 잡히지 않았어요.

몽양 자택 가는 길

중앙고등학교

몽양 자택 터

옛 건준 창립본부

헌법재판소

현대 사옥

3호선 안국역 ③ 번 출구

몽양 자택의 옛 모습

음식점으로 변한 현재 모습

더 알아보기

몽양 여운형 선생 기념사업회   www.mongyang.org

4. 대한민국 정부 수립과 국회

대한민국 선포식

우리 민족 최초의 민주주의 국가 탄생

1948년 8월 15일 조선총독부 자리(현 경복궁 광화문 안쪽)에서 정부 수립을 선포하며 마침내 대한민국이 탄생했어요. 우리 민족 최초의 민주주의 국가가 첫발을 내딛는 순간이었지요.

한 나라에는 그 나라 최고의 법인 헌법이 있어요. 대한민국은 헌법을 만들어 제헌 국회(헌법을 제정한 국회)의 시대를 열었습니다. 선거를 통해 뽑힌 국회의원들이 국회를 이루었고, 나라 이름을 대한민국으로 정하였으며, 헌법을 만들었지요. 우리나라 최초의 제헌 국회에서 만든 헌법은 1948년 7월 17일 공포되었고, 이날을 제헌절로 기념하고 있답니다.

1. 많은 사람의 노력과 희생이 있었기 때문에 대한민국이라는 민주주의 국가가 탄생할 수 있었습니다. 만약 우리 민족이 민주주의 국가를 성립하지 못하고 정부 수립을 하지 못했다면 지금 우리는 어떤 모습일까요?

2. 다음 보기는 우리나라 근현대사를 보여 주는 대한민국 건국 전후의 일들입니다. 시간 순서에 맞게 나열해 보세요.

보 기 : 한국전쟁, 일제강점기, 8·15 광복, 대한민국 정부 수립

3. 여의도 국회에 있는 헌정 기념관에서 우리나라 국회의 역사와 오늘날 하는 일을 알아봅시다.

더 알아보기

헌정 기념관   memorial.na.go.kr

go go!
3 뜨거운 민주의 함성, 4·19 혁명

3·15 선거 포스터

1948년에 제1대 대통령이 된 이승만은 온갖 수단과 부정한 방법을 동원하여 10년이 넘도록 대통령 자리를 지켰어요. 그러다 1960년, 이승만 정권은 3·15 정·부통령 선거에서 입장이 불리해지자 전국적인 부정 선거를 저질렀어요. 분노한 국민은 부정 선거 타도를 외치며 시위를 벌였고, 이승만 정권은 경찰을 동원해 국민을 탄압했어요. 그런데 마침 마산에서 부정 선거 타도 시위에 참여했던 김주열 학생이 실종되는 사건이 벌어졌어요. 얼마 뒤 김주열 학생은 눈에 최루탄이 박혀 죽은 채로 바닷가에서 발견되었어요. 마산 시민들은 들불처럼 일어났고, 전국에 이승만 독재 정권을 향한 분노의 함성이 울려 퍼졌어요.

독재 정권을 무너뜨린 시민의 파도. 자, 지금부터 4·19 혁명의 장소로 나가 볼까요?

 찾아갈 곳

마산, 고려대학교 4·18 기념관, 국립 4·19 민주 묘지
정독도서관, 4·19 도서관

1. 마산 의거, 4 · 19 혁명의 도화선

잠시 서울에서 경상남도 마산으로 달려갑니다. 마산에서는 4 · 19 혁명보다 먼저 이승만 독재 정권에 대항하는 시민들의 시위가 있었어요. 바로 선거 당일에 일어난 3 · 15 마산 의거입니다. 4 · 19 혁명의 불씨가 된 사건이지만, 안타깝게도 많은 사람들이 3 · 15 마산 의거에 대해서는 잘 모르고 있지요.

작은 불씨가 큰불로

이승만 자유당 정권은 3 · 15 선거에서 야당의 선거 운동을 방해하고 투표권을 강탈하는 등의 온갖 부정을 저질렀어요. 민주당이 자유당의 부정 부패와 중상 모략으로 선거를 포기하겠다고 발표하자 마산 시민은 더 이상 이승만 정권을 그대로 두고 볼 수가 없었어요. 그래서 자유당의 폭정에 대항하여 거리로 나섰지요. 우리나라 역사상 최초로 민주화를 위한 시위를 한 거예요.

발견 당시 김주열 군의 모습

경찰들은 최루탄과 총기를 난사하여 많은 사람을 죽였어요. 당시 고등학생이었던 김주열 군의 시체가 4월 11일 마산 중앙부두에서 떠올랐어요. 이것이 걷잡을 수 없는 사태로 번져 결국 4 · 19 혁명으로까지 이어지게 되었죠.

김주열 군의 시체가 발견되자
거리로 나선 마산 시민들

3·15 마산 의거가 일어나기 전 이승만 독재 정권 아래에서 이런 일이 있었어요. 1958년 5월에 제4대 민의원 총선거에서, 마산에서는 야당인 민주당의 허윤수 후보가 당선되었어요. 하지만 그는 1960년 1월 민주당을 떠나 여당인 자유당에 입당해 버려요. 마산 시민들의 기분이 어땠을까요?

더 알아보기

3·15 의거 기념 사업회　www.masan315.net

사진으로 보는 3·15 부정 선거와 민주화 운동

3월 15일, 이승만 자유당 정권이 부정 선거를 감추기 위해 불에 태워 버린 투표함

3월 15일 밤, 부정 선거에 항의하는 시위 군중에 의해 불타 버린 북마산 파출소

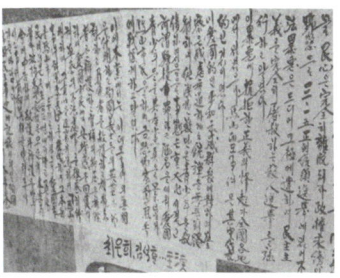

3월 20일, 잔인무도한 자유당 독재 정권을 폭로한 민주당 성명서

4월 11일 밤, 마산시청 앞 광장에 모여 부정을 저지르고 폭력을 휘두르는 독재 정권에 반대하는 시위 군중

4월 12일 밤, "살인 경관 잡아 내라." "민주 정치 바로잡자."를 외치며 시위하는 학생들

4월 13일, 무력으로 시위대를 막아서는 경찰과 소방차

© 3·15 의거 기념사업회

2. 고려대 학생들의 4·18 시위

강의실을 뛰쳐 나가 거리로

4·19 혁명이 일어나기 하루 전인 1960년 4월 18일, 서울에서는 고려대학교 학생 3,000여 명이 부정 선거를 규탄하는 시가 행진을 벌였어요. 고려대학교 학생들이 거리로 나선 이유는 무엇이었을까요?

고려대학교 가는 길

고려대 생명과학관
고려대 안암학사
고려대 의과대학
고려대 본교 캠퍼스
동대문 세무서
고려대 자연계 캠퍼스
4·18 기념관
우신향 병원
고려대역 ①번 출구
대광 중·고등학교
안암로터리
안암천
외환은행
종암초등학교
수도학원

현장 활동

고려대학교에 있는 4·18 기념탑을 보면 앞면에 부조가 새겨져 있습니다. 부조에 있는 사람들을 잘 살펴보세요. 의거에 참여한 이들은 어떤 사람들인가요?

고려대학교 학생들의 4·18 선언문을 읽고 시위를 일으킨 까닭에 대해 생각해 봅시다.

친애하는 삼천만 자매형제여!

한마디로 대학은 반항과 자유의 표상이다. 이제 질식할 듯한 기성 독재의 최후적 발악은 바야흐로 전체 국민의 생명과 자유를 위협하고 있다. 그러기에 역사의 생생한 증언자적 사명을 띤 우리들 청년학도는 이 이상 억류하는 피의 분노를 억제할 수 없다. 만약 이같은 극단의 악덕과 패륜을 포용하고 있는 이 탁류의 역사를 정화시키지 못한다면 우리는 후세의 영원한 저주를 면치 못하리라. 말할 나위도 없이 학생이 상아탑에 안주치 못하고 대사회 투쟁에 참여해야만 하는 오늘의 20대는 확실히 불행한 세대이다. 그러나 동족의 손으로 동족의 피를 뽑고 있는 이 악랄한 현실을 방관하랴.

존경하는 고대 학생 동지 제군!
우리 고대는 과거 일제하에서는 항일 투쟁의 총 본산이었으며, 해방 후에는 인간의 자유와 존엄을 사수하기 위하여 멸공 선선의 전위적 대열에 섰으나, 오늘은 진정한 민주 이념의 쟁취를 위한 반항의 봉화를 높이 들어야 하겠다.

고대생 동지 제군!
우리는 청년학도만이 진정한 민주 역사 창달의 역군이 될 수 있음을 명심하여 총 궐기하자. 기성 세대는 자성하라!
마산 사건의 책임자를 즉시 처단하라!
우리는 행동성 없는 지식인을 배격한다!
경찰의 학원 출입을 엄금하라!
오늘의 평화적 시위를 방해치 말라!

대통령 자리를 위해서라면 폭력이라도 쓰겠어!

고려대학교 학생들은 당시 국회 의사당(지금의 서울특별시의회 건물) 앞까지 진출했어요. 하지만 총장의 설득으로 시위대를 해산하고 돌아 가던 학생들을 기다린 것은 끔찍한 폭력이었어요. 이승만 독재 정권의 하수인들이 폭력배를 고용해 학생 들을 탄압한 것이지요. 다음 날 이

시위를 무력으로 진압하는 경찰

사건이 알려지면서 이를 규탄하는 학생·시민의 시위대가 시내로 모이게 됩 니다. 4·18 학생 시위가 4·19 혁명으로 발전하게 된 순간이지요.

3. 독재 권력에 맞선 4·19 혁명

1960년 4월 19일, 이른 아침부터 학생들은 거리로 뛰쳐 나왔습니다. 시민들 까지 학생들의 대열에 합류해 독재 정권에 반대하고 민주화를 외치는 시위대 의 수는 무려 10만 명을 넘었습니다. 경찰은 이들을 막아서서 총부리를 겨누고 무자비한 탄압을 했습니다. 수많은 학생들과 시민들이 목숨을 잃었지요. 하지 만 민주화를 향한 혁명의 불길은 걷잡을 수 없이 번졌습니다.

초등학생도 시위에 참여하다

4·19 혁명은 학생 혁명이라고도 해요. 학생들을 중심으로 시민들이 협력 하여 혁명을 전개해 나갔기 때문이에요. 당시 시위 행렬에는 대학생뿐만 아 니라 중·고등학생, 심지어 초등학생까지 있었답니다.

당시 수송초등학교 학생이었던 강명희 어린이의 시를 읽어 봅시다.

오빠와 언니는 왜 총에 맞았나요

아! 슬퍼요
아침 하늘이 밝아 오며는
달음박질 소리가 들려 옵니다
저녁 노을이 사라질 때면
탕탕탕탕 총소리가 들려 옵니다
아침 하늘과 저녁 노을을
오빠와 언니들은 피로 물들였어요

오빠와 언니들은
책가방을 안고서
왜 총에 맞았나요
도둑질을 했나요
강도질을 했나요
무슨 나쁜 짓을 했기에
점심도 안 먹고
저녁도 안 먹고
말없이 쓰러졌나요
자꾸만 자꾸만 눈물이 납니다

잊을 수 없는 4월 19일
그리고 25일과 26일
학교에서 파하는 길에
총알은 날아오고
피는 길을 덮는데

외로이 남은 책가방
무겁기도 하더군요

나는 알아요 우리는 알아요
엄마 아빠 아무 말 안 해도
오빠와 언니들이 왜 피를 흘렸는지를

오빠와 언니들이
배우다 남은 학교에서
배우다 남은 책상에서
우리는 오빠와 언니들의
뒤를 따르렵니다

수송초등학교 학생들의 시위 모습

27

1. 다음은 시위에 참가했다가 총에 맞아 죽은 한성여중 2학년 진영숙 학생의 유서입니다. 유서를 읽어 보고 학생들이 4·19 혁명에 참여한 까닭을 생각해 봅시다.

시간이 없는 관계로 어머님 뵙지 못하고 떠납니다.

끝까지 부정 선거 데모로 싸우겠습니다. 지금 저와 저의 모든 친구들 그리고 대한민국 모든 학생들은 우리나라 민주주의를 위하여 피를 흘립니다.

어머니, 데모에 나간 저를 책하지 마시옵소서. 우리들이 아니면 누가 데모를 하겠습니까. 저는 아직 철없는 줄 잘 압니다. 그러나 국가와 민족을 위하는 길이 어떻다는 것을 잘 알고 있습니다. 모든 학우들은 죽음을 각오하고 나간 것입니다. 저는 생명을 바쳐 싸우려고 합니다. 데모하다가 죽어도 원이 없습니다.

어머닌, 저를 사랑하시는 마음으로 무척 비통하게 생각하시겠지만, 온 겨레의 앞날과 민족의 해방을 위하여 기뻐해 주세요.

이미 저의 마음은 거리로 나가 있습니다. 너무도 조급하여 손이 잘 놀려지지 않는군요. 부디 몸 건강히 계세요.

거듭 말씀드리지만 저의 목숨은 이미 바치려고 결심하였습니다.

시간이 없는 관계상 이만 그치겠습니다.

2. 옛 경기고등학교 자리였던 정독도서관에 가 봅시다.

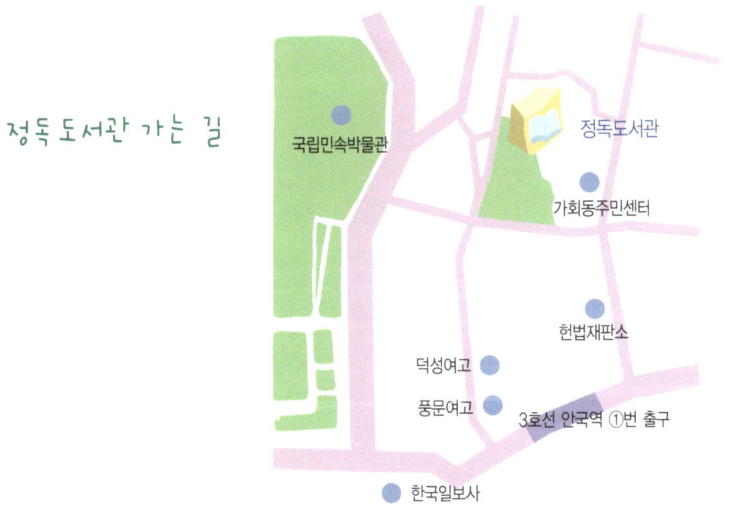

정독도서관 본관 앞에 있는 위령비는 어떤 사람의 업적을 나타내고 있나요? 그들이 한 일은 어떤 일이었을까요?

1. 1952년 국회에서는 '발췌 개헌안'을 놓고 한바탕 소동이 일어났어요. 발췌 개헌안이란 대통령 선거를 간접 투표에서 직접 투표로 고치자는 내용으로 이승만 정권에 유리한 것이었어요. 당시 이승만 대통령을 지지하는 국회위원 수는 적었거든요. 그런데 국회에서 발췌 개헌안에 대한 찬반 여부를 가릴 때 그 투표 방식이 문제가 되었어요. 누가 찬성하고 반대했는지 다 알 수 있도록 기립 투표 방식으로 진행되었기 때문이에요. 더구나 국회의사당은 경찰들에게 포위된 상태였답니다.

> 반대하는 국회의원은 어떻게 되는지 알지?

2. 1954년 9월 6일 자유당은 초대 대통령에 한해서 중임 제한 (다시 임명되지 못하도록 법으로 정한 것)을 철폐한다는 개헌안을 표결에 부쳤는데 부결되고 말았어요. 그러나 사사오입 (반올림)을 하면 3분의 2가 된다는 억지 주장을 하면서 11월 27일 개헌안이 가결되었다고 선포했어요. 이 법대로 라면 이승만 대통령은 죽을 때까지 대통령을 할 수 있었을 거예요.

> 나는 이제 죽을 때까지 대통령, 아니 왕!

3. 이승만 정권은 미국이 제공한 원조 물자(식료품, 농업
용품, 의약품 등)를 당에게 충성하는 기업가나 상인들에게
온갖 특혜로 나누어 주었어요. 원조 물자를 배당받은
기업이나 악덕 상인들은 높은 가격에 물건을 독점 판매하여
막대한 이익을 얻었어요. 원조 물자의 주인이
되어야 할 대다수 국민은 혜택을 받지 못하고
피해를 입었어요.

이게 웬
돈이냐?

4. 1960년 3월 15일 제4대 정·부통령 선거에서, 자유당은
온갖 방법으로 부정 선거를 저질렀어요. 4할 사전 투표
(국민의 40% 정도가 투표일 전에 투표를 마침), 3인조
반 공개 투표(세 명이 함께 투표소
에 들어가게 함), 야당 참관인 축
출(쫓아냄), 투표함 바꿔치기,
득표 수 조작 발표 등 정말
갖가지 방법들이 동원되었
답니다.

나 피곤하니까
좋게 말할 때 잘 찍어!

4. 독재자의 최후

학생의 피에 보답하라

4·19 혁명으로 수많은 학생과 시민들이 목숨을 잃자 1960년 4월 25일에는 대학 교수들까지 거리 시위에 나섰어요. 교수단은 대통령, 국회의원 및 대법원장 등에게 자리에서 물러날 것을 요구하고 "학생의 피에 보답하라."라는 피켓을 들고 거리 시위를 시작했어요. 온 국민이 교수단과 함께 전국

거리로 나선 교수단

에서 힘차게 시위를 벌였지요. 결국 이승만은 하야 성명을 발표하고 대통령직을 사임하게 됩니다.

이승만의 하야 성명(1960. 4. 26)

나는 해방 후 본국에 돌아와서 우리 여러 애국 애족하는 동포들과 더불어 잘 지내왔으니 이제는 세상을 떠나도 한이 없으나 〔……〕 보고를 들으면 우리 사랑하는 청소년 학도들을 위시해서 우리 애국 애족하는 동포들이 내게 몇 가지 결심을 요구하고 있다 하니 내가 아래서 말하는 바대로 할 것이며, 한 가지 내가 부탁하고자 하는 것은 우리 동포들이 지금도 38선 이북에서 우리를 침입코자 공산군이 호시탐탐하게 기다리고 있다는 것을 명심하고, 그들에게 기회를 주지 않도록 힘써 주기를 바라는 바이다.

1) 국민이 원한다면 대통령직을 사임하겠다.
2) 3·15 정·부통령 선거에 많은 부정이 있었다 하니 선거를 다시 하도록 지시하였다.
3) 선거로 인연한 모든 불미스러운 것을 없게 하기 위하여 이미 이기붕 의장에게 공직에서 완전히 물러나도록 하였다.
4) 내가 이미 합의를 준 것이지만 만일 국민이 원한다면 내각책임제(의회의 다수당이 행정부의 각료가 되는 제도) 개헌을 하겠다.

너의 집은 국가가 접수한다!

4·19 혁명기념도서관 가는 길

이기붕의 집을 도서관으로

도서관은 책만 보는 곳이라고요? 4·19 혁명기념도서관은 좀 달라요. 4·19 혁명을 기념하여 여러 가지 자료를 전시하고 보관하고 있거든요. 이곳은 원래 자유당 정권의 핵심 인물이었던 이기붕의 집이 있던 자리예요. 자유당 독재 정권 시절에는 서대문 경무대라 불렸지요. 4·19 혁명 후 이 집은 국가에 환수되었어요. 그리고 4·19 혁명 단체에 무상으로 대여되어, 1964년 5월 1일부터 4·19 혁명기념도서관으로 개관된 것입니다.

비참한 독재 정권의 최후

이기붕은 이승만 독재 정권의 부통령이었어요. 1960년 정·부통령 선거에 자유당 부통령으로 입후보하여 4·19 혁명의 도화선이 된 3·15 부정 선거를 저지른 장본인이지요. 이기붕은 이승만이 하야를 한 후 경무대 별관에서 자신의 가족들과 자살을 선택합니다. 독재 정권의 최후는 말 그대로 비참하기 그지없었지요.

5. 민주의 넋은 잠들고

4·19 혁명에 희생된 영령들은 국립 4·19 민주 묘지에 고이 잠들어 있습니다. 진입로 앞에는 '민주의 뿌리'라는 조형물이 독재와 부정의 시대 상황을 뚫고 솟아난 기상을 표현하고 있습니다. 정문으로 들어서면 4·19 혁명의 역사적 의미를 불꽃 형상으로 표현한 '정의의 불꽃'을 만날 수 있습니다. 잔디

국립 4·19 민주 묘지 가는 길

4·19 탑 사거리
국립 4·19 민주 묘지
4호선 쌍문역
강북중학교
인수중학교
강북구청
국립재활병원
4호선 수유역 ② 번 출구
(연두색 지선 버스 01번을 타세요.)

광장 오른쪽과 왼쪽에는 혁명에 참가했던 학생과 그들을 진압하는 경찰이 대치하고 있는 상황을 묘사한 '자유의 투사'가 있습니다.

민주의 뿌리

자유의 투사

묘지 한가운데에는 4·19 혁명의 기상을 상징하는 '사월 학생 혁명 기념탑'이 솟아 있습니다. 기념탑은 일곱 개의 탑으로 이루어져 있고, 탑 사이에는 혁명 당시 목숨을 잃은 젊은이들의 넋을 기리는 비문이 있습니다.

사월 학생 혁명 기념탑 비문

1960년 4월 19일 이 나라 젊은이들의 혈관 속에 정의를 위해서는 생명을 능히 던질 수 있는 피의 전통이 용솟음치고 있음을 역사는 증언한다. 부정과 불의에 항쟁한 수만 명 학생 대열은 의기의 힘으로 역사의 수레바퀴를 바로 세웠고 민주 제단에 피를 뿌린 185위의 젊은 혼들은 거룩한 수호신이 되었다.

해다가 4월이 오면 접동새 울음 속에 그들의 피 묻은 혼의 하소연이 들릴 것이요 해마다 4월이 오면 봄을 선구하는 진달래처럼 민족이 꽃들온 사람들의 가슴마다에 되살아 피어나리라.

군상 부조

기념탑의 양옆에는 군상 부조가 병풍처럼 펼쳐져 있어요. 혁명 당시 어두웠던 시대 상황과 자유에 대한 민중들의 염원을 표현하고 있지요. 내가 부조 속의 한 인물이라면 어떤 마음가짐이었을지 부조를 따라 걸으며 생각해 보세요.

1. 4·19 민주 묘지의 묘역을 찾아 국화 한 송이를 헌화해 보세요.
어떤 분께 꽃을 바쳤나요? 묘비를 읽어 보고 그 내용을 적으세요.

2. 시위 당시 학생과 경찰이 마주쳤습니다. 그들의 입에서는 어떤 말이 나왔을까요? 그들
이 되어 말해 볼까요?

더 알아보기

4·19 혁명   www.419revolution.org
국립 4·19 민주 묘지   419.mpva.go.kr

4 5·16 군사 정변과 군사 정권

제3공화국을 출범시킨 박정희와 군인들

4·19 혁명으로 이승만의 제1공화국은 끝나고 새로 뽑힌 윤보선 대통령과 장면 국무총리의 제2공화국 시대가 열렸습니다. 그러나 제2공화국은 1년도 안 되어 박정희 육군 소장이 이끈 군사 정변으로 물러날 수밖에 없었어요. 박정희 육군 소장은 무력으로 정권을 빼앗고 혁명 공약을 내걸어 군의 행동을 합리화시키지요.

정권을 빼앗은 군인들은 2년 뒤 제3공화국을 출범시킵니다. 그러나 제3공화국이 내세운 정치인들은 민간인 옷으로 갈아입은 군인들로, 무늬만 민간인일 뿐이었습니다. 군사 정권은 그들의 잘못을 감추기 위해 민주주의를 부르짖는 많은 사람들을 탄압했어요.

지금부터 군사 독재 정권은 어떻게 탄생하였고, 어떻게 민주주의를 짓밟았는지 알아볼까요?

찾아갈 곳

문래공원, 중앙정보부 터(서울유스호스텔), 박정희기념관 건립 터

1. 군사 정변의 발상지, 문래공원

영등포구 문래동에 있는 문래공원에는 박정희의 흉상이 서 있습니다. 한때 민족문제연구소와 홍익대 민주동문회 등 시민 단체에 의해 강제 철거되는 사건이 벌어지고 계란 세례를 받기도 했지요. 아직도 흉상의 철거를 놓고 찬반 의견이 엇갈리고 있어요.

그런데 왜 이곳에 박정희의 흉상이 서 있을까요?

문래공원 가는 길

한국전력공사

문래초등학교

문래공원

2호선 문래역 ①번 출구

문래공원이 들어서기 전 이곳에는 육군 사령부가 주둔해 있었습니다. 박정희는 이곳에서 군인들과 군사 정변을 준비했습니다. 박정희의 흉상이 서 있는 지금의 문래공원은 5·16 군사 정변의 발상지인 것이지요. 박정희와 군인들이 작전 회의를 했다는 지하 벙커도 아직 남아 있습니다.

문래공원에 있는 박정희 흉상에 쓰인 글을 읽고 가장 기억에 남는 부분을 적어 보세요.

박정희 흉상

5·16 군사 정변

박정희는 군대를 동원하여 1961년 5월 16일 한강을 넘어 서울의 주요 기관을 점령하고 대한민국을 장악했어요. 그리고 군사혁명 위원회를 만들었습니다. 이틀 후 국가재건 최고회의로 그 이름을 바꾸고 이를 대한민국의 최고 통치 기관으로 삼았어요. 혁명 과업 수행에 지장이 없는 한도 내에서만 국민의 기본적 인권을 보장하겠다며 헌법의 효력을 일부 정지시키기까지 했습니다. 헌법재판소의 효력마저 정지시키고 국회와 정부를 대신하여 국가의 유일한 최고 통치 기관이 된 거예요.

쿠데타를 정당화시킨 혁명 공약

박정희 정권은 군사 쿠데타(무력으로 정권을 빼앗는 일)를 합리화하기 위해 이른바 '혁명 공약'을 내걸었습니다. 다음 '혁명 공약'을 읽어 보면 박정희가 자신의 군사 쿠데타를 어떤 식으로 합리화했는지 알 수 있어요. 반공(공산주의에 반대하는 것)을 국가 제일의 과제로 삼고 어떤 방법이라도 동원할 수 있다는 것이지요.

5·16 혁명 공약

1) 반공을 국시의 제일의로 삼고 지금까지 형식적이고 구호에만 그친 반공 체제를 재정비 강화한다.
2) 유엔 헌장을 준수하고 국제적 협약을 충실히 수행할 것이며 미국을 비롯한 자유 우방과의 유대를 더욱 공고히 한다.
3) 이 나라 사회의 모든 부패와 구악을 일소하고 퇴폐한 국민 도의와 민족 정기를 다시 바로잡기 위하여 청신한 기풍을 진작한다.
4) 절망과 기아선상에서 허덕이는 민생고를 시급히 해결하고 국가 자주 경제 재건에 총력을 경주한다.
5) 민족적 숙원인 국토 통일을 위하여 공산주의와 대결할 수 있는 실력 배양에 전력을 집중한다.
6) 이와 같은 우리의 과업이 성취되면 참신하고 양심적인 정치인들에게 언제든지 정권을 이양하고 우리들 본연의 임무에 복귀할 준비를 갖춘다.

5·16 군사 정변 뒤에 박정희와 군대가 정말 민간인들에게 정권을 넘겨 주고 군으로 복귀했냐고요? 아니에요. 그들은 다시 군으로 복귀하지 않고 권력을 차지했어요.

2. 중앙정보부

'교육부' 하면 무슨 일을 하는 곳인지 쉽게 알 수 있지요? 그렇다면 '중앙정보부'는 어떤 일을 하는 곳이었을까요? 인터넷과 관련 있는 곳 아니냐고요? 천만의 말씀. 사람들에게 서슬 퍼런 칼날을 휘둘렀던 곳이랍니다.

그 이름도 무시무시한 중앙정보부

서울 남산에는 중앙정보부가 있던 자리가 지금도 남아 있습니다. 현재는 서울유스호스텔이 들어서 있지만 중앙정보부가 있었을 때는 경계도 삼엄했고 건물 지하실에서 사람을 고문하기도 했어요. 명동에서 남산을 오르던 산책길은 중앙정보부의 안보를 위해 폐쇄되기도 했지요.

중앙정보부에서는 수많은 사람들의 인권을 침해하고 짓밟은 사건들이 있었지만 모두 밝혀지지는 않았어요. 하지만 김대중 정부에 설치된 '대통령 소속 국가인권위원회'에서 억울한 죽음을 많이 밝혀 냈지요.

중앙정보부 터(서울유스호스텔) 가는 길

4호선 명동역
②번 출구

퇴계로
지하차도

4호선 충무로역

아스토리아 호텔

대한적십자

교통방송

건설안전관리본부

중앙정보부 터
(서울유스호스텔)

리라초등학교

1. 중앙정보부(현 국가정보원)는 어떤 일을 하는 곳인지 조사해 보세요.

2. 서울유스호스텔에 가서 예전 중앙정보부가 있었을 때의 흔적들을 찾아보세요.

중앙정보부가 조작한 최종길 사건

사건 개요	유럽 거점 대규모 간첩단 사건과 관련하여 1973년 10월 16일 14:00 경 중앙정보부 남산 분청사에 동생 최종선(당시 중앙정보부 요원)과 함께 임의 출두하여 조사 받던 중, 출두 3일 만인 같은 달 19일 중앙정보부 건물 앞에서 변사체로 발견됨.
수사 결과	1차 수사 : 1973년 변사 사건 수사 결과(중앙정보부) 최종길은 조사 중 수사관과 함께 화장실에 갔다가 감시가 소홀한 국내 조직망을 보호할 목적으로 투신 자살한 것으로 추정됨. 2차 수사 : 1988년 진정 사건 수사 결과(검찰) 자살의 증거도 타살의 증거도 없다. 간첩임을 입증할 증거도 간첩이 아님을 입증할 증거도 찾지 못했다.
진정 취지	유럽 거점 대규모 간첩단 사건은 조작되었다고 볼 만한 충분한 근거가 있고, 최종길의 간첩 혐의를 입증할 아무런 증거가 없으며, 최종길이 투신 자살할 동기가 없고, 화장실에서의 투신은 정황상 설득력이 없으며, 사체 사진 등 여러 정황으로 보아 중앙정보부의 불법적인 고문에 의한 사망 의혹이 제기되므로 진상 규명을 요구함.
의문사 진상 규명 위원회 결정 요지	최종길은 민주화 운동 과정에서 위법한 공권력의 행사로 사망하였으므로 의문사 진상 규명에 관한 특별법 제26조의 규정에서 정하는 구제 조치를 취하기로 한다. 최종길에 대한 고문 및 그로 인한 사망에 가담한 차철권, 김상원은 형법 제125조(폭행, 가혹행위), 형법 제259조(상해치사)의 경합범, 변영철은 고문에만 가담하여 형법 제125조, 사건 발생 후 허위 서류 작성에 가담한 조일제, 안경상, 장송록, 서철신, 정낙중, 권영진, 차철권, 김상원 등은 허위공문서작성죄, 동행사죄(형법 제227조, 229조)가 성립하지만 모두가 위 범죄일로부터 형사소송법 제249조에서 정하는 공소시효(재판을 할 수 있는 유효 기간)가 경과되었음이 명백하므로 범죄에 가담한 자에 대하여 고발 및 수사 의뢰를 하지는 아니한다. 2002. 5. 24. 위원장 한상범

3. 박정희기념관

2002년 서울시의 지원으로 마포구 상암동 월드컵 공원 안에 박정희기념관이 건설되기 시작했으나 지금은 공사가 중단된 상태입니다. 650평 2층 건물 안에 박정희 대통령의 재임 시절 이루어진 경부고속도로 건설, 수출 증대 등의 자료와 유물을 전시할 예정이었지요. 시민 단체 등의 반대를 피해 몰래 착공한 것으로 알려진 박정희기념관에 대해서는 아직도 찬반 논쟁이 이어지고 있어요. 근대화와 경제 발전을 이루었지만 군사 정권으로 민주화 운동을 탄압한 독재자였다는 평가 때문이지요.

당시 박정희기념관을 세우는 것을 반대하는 시민들이 모여 박정희기념관 반대 국민연대를 만들기도 했어요.

박정희의 대통령 선거 유세 모습

서울 곳곳에는 박정희의 흔적이 남아 있어요. 아래 사진에서 보이는 글씨는 모두 박정희의 친필이랍니다. 다음 중 지금은 남아 있지 않은 것은 무엇일까요?

❶

경복궁 광화문 현판

❷

남산제2호터널

❸
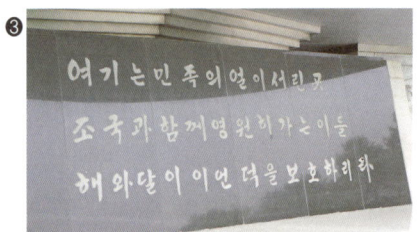
국립현충원 현충탑

❹

탑골공원 현판

❺

어린이대공원 기념비

❻

안중근기념관

44

민주주의여, 만세

go go! 5

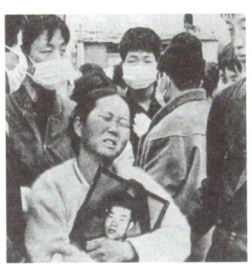
전태일

장준하

김재규

YH사건

박정희 군사 독재에 반대하고 민주주의를 되찾기 위해 많은 사람들이 싸웠어요. 그중에는 정치인도 있었고, 젊은 노동자도 있었습니다. 수많은 국민들이 군사 독재에 맞서고 민주주의의 불꽃이 꺼지지 않도록 계속 지킨 셈이지요. 꺼지지 않고 타오른 민주주의 불꽃으로 결국 군사 독재는 끝이 나게 되었습니다.

자, 지금부터 군사 독재로부터 민주주의를 되찾기 위해 누가 어떤 일을 했는지 알아볼까요?

 찾아갈 곳

평화시장, 서울 YMCA, 궁정동, 마포 신민당사

1. 전태일

내 죽음을 헛되이 하지 말라!

아름다운 청년 전태일을 아시나요? 1970년대 아무도 노동자의 현실을 알아주지 않던 척박한 시절에 노동자의 인간다운 삶을 위해 애쓰다가 몸바친 사람이에요.

나이 스물둘에 삶을 불사른 청년

전태일은 해방 후, 나라 안팎이 매우 혼란스러운 시기에 태어났어요. 전쟁으로 나라는 둘로 갈라졌고 도시는 폐허가 됐어요. 많은 사람들이 삶의 터전을 잃고 가난에 허덕이고 있었지요. 어린 전태일은 지독한 가난과 고통을 숙명처럼 받아들여야 했어요.

박정희 군사 독재 정권이 장기 집권을 위한 온갖 정치 공작(어떤 목적을 위해 미리 꾸미는 일)을 동원하던 1960년대 말, 전태일은 청계천 평화시장에서 재단사로 일하게 됩니다. 어린 노동자들의 고달픈 삶을 바라보면서 전태일은 불합리하고 불평등한 사회의 구조를 깨닫게 되었어요. 폐병에 걸린 어린 미싱사가 치료도 받지 못하고 쫓겨난 일은 두고두고 가슴속에 남았지요.

노동자들의 권리를 되찾을 방법을 고민하던 전태일은 근로기준법(근로 조건의 기준을 정해 일하는 사람들의 기본권을 보장하는 법)에 대해 알게 됩니다. 전태일은 근로기준법을 세상에 알리고 부당한 처우를 개선하기 위해 재단사들의 모임인 바보회를 만들어 토론을 하고, 노동청에 청원서를 올리기도 합니다.

평화적인 방법으로 불합리한 노동 현실을 극복하려 했던 전태일은 그 방법에 한계를 느꼈어요. 결국 1970년 11월 13일 평화시장 노동자들의 시위 도중 "근로기준법을 지켜라!" "우리는 기계가 아니다!"라고 소리치며 분신하였지요. 다시 일어난 전태일은, "내 죽음을 헛되이 하지 말라!"는 말을 남기고 병원으로 호송되었지만 곧 숨을 거뒀어요. 그의 나이 스물두 살이었습니다.

평화시장 가는 길

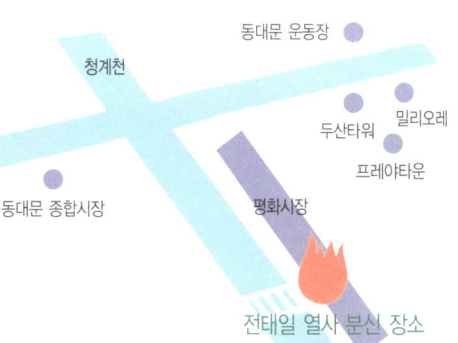

더 알아보기

전태일 기념사업회   www.chuntaeil.org

2. 장준하

『사상계』 잡지를 만들던 시절의 장준하

희망은 추진의 저력이 된다

장준하는 일제 강점기에 일본군 학도병으로 끌려갔다가 탈출하여 대한민국 임시정부 한국 광복군에 들어갔어요. 해방 후 언론인으로 활동했고 『사상계』라는 잡지를 만들었지요.

장준하는 1973년 12월 24일 종로 2가 YMCA 건물에서 '개헌 청원 백만인 서명 운동'을 발표해요. 박정희의 유신 독재 체제에 정면으로 도전장을 낸 사건이었어요. 장준하가 이끈 이 운동은 10일 동안 40만 명이나 서명하는 성과를 거두었어요. 하지만 박정희 독재 정권은 나라를 혼란하게 한다며 장준하를 감옥에 가두었어요. 감옥에서 풀려 나온 장준하는 여전히 독재에 반대하는 민주화 운동을 벌이다가 의문의 죽음을 당했어요.

독재를 위해 만든 유신 헌법

1972년 12월 27일 공포·시행된 제7차 헌법이에요. 이로써 본격적인 제4공화국이 시작되었지요. 유신 헌법은 조국의 평화적 통일과 민주주의 토착화를 내세우며 새로 제정한 헌법이지만 사실은 박정희 대통령의 장기 집권을 위한 것이었어요. 국민의 기본권을 침해하고 대통령의 권한을 크게 강화했으며 통일주체국민회의와 유정회(維政會)라는 정치 기구를 만들어 박정희의 영구 집권과 독재를 꾀했지요. 그래서 이 당시 박정희 정권을 유신 정권이라고 합니다.

더 알아보기

장준하 기념사업회 홈페이지   www.peacewave.or.kr

3. 김재규

유신의 심장을 쏘다

1979년 10월 26일 군사 독재의 상징이었던 박정희 대통령이 궁정동에서 김재규 중앙정보부장의 총탄에 맞아 피살되었어요. 이로써 박정희의 종신 집권을 보장했던 유신 체제와 제4공화국은 붕괴되고 국민들의 민주화 열망은 더욱 뜨거워졌지요. 당시 이 사건은 집권층의 분열과 정치 탄압, YH 사건, 김영삼 신민당 총재 제명 사건, 부마민주항쟁 등이 계기가 되어 일어났어요.

김재규의 현장 검증 모습

부마민주항쟁이 뭐지?

부산 및 마산 지역을 중심으로 벌어진 박정희의 유신 독재에 반대한 시위야

YH 사건

가발을 생산했던 YH 무역 주식회사는 노동자의 땀으로 벌어들인 상당액의 외화를 미국으로 빼돌리고 1979년 4월에 회사 문을 강제로 닫았어요. 하루 아침에 직장을 잃은 노동자들은 야당인 신민당사에 몰려가 농성을 벌였어요. 나이 어린 여공들이 똘똘 뭉쳐 생존권을 외치며 투쟁을 전개했지만 1979년 8월 11일 새벽, 경찰들에 의해 강제 해산되기에 이르렀습니다.  이때 공장 노동자였던 김경숙이 꽃다운 목숨을 잃었어요. 이 사건에 이어 부산과 마산에서는 반독재 시위가 벌어졌어요. 하지만 정부는 이것 역시 무력으로 대처했지요. 결국 그해 10월 26일, 박정희는 김재규의 총탄에 맞아 18년 간의 장기 집권을 마감하게 됩니다.

민주주의를 마음껏 만끽하십시오.

박정희 대통령을 사살한 김재규는 1980년 사형 선고를 받았습니다. 사형되기 전 김재규는 자신이 한 일에 대하여 다음과 같이 말했습니다. 그가 박정희 대통령을 암살하게 된 까닭은 무엇일지 생각해 보세요.

이미 자유 민주주의의 물결은 세차게 흐르기 시작해서 이 나라에 자유와 민주주의가 회복되고 있다, 이것은 천하 공지의 사실입니다. 그런데 이것을 가로막는 세력이 있어서 순조롭게 민주 회복이 돼 나가지 못하고 방해를 받고 있습니다. 그러나 이것은 시간 문제일 뿐이며 천하의 대세는 사람이 막을 수 있는 것이 아닙니다. 그렇기 때문에 나의 죽음, 즉 나의 희생이라고 하는 것은 무엇을 의미하느냐 하면, 우리 나라 모든 국민이 동시에 자유 민주주의가 절대 필요하고 자유 민주주의는 절대 회복돼야 하겠구나 하는 것을 전체 국민이 아주 확실히 깨닫게 되고 또 그것을 확실히 자기 몸에다가, 목에, 자기 가슴에다가 못박고 생각할 수 있는 그런 계기가 될 것입니다. 그렇기 때문에 요번에 나의 희생이라고 하는 것은 민주주의의 아름다운 꽃과 열매를 맺기 위한 민주주의 나무의 거름이다, 이렇게 생각합니다. 나는 누구의 염려 없이 아주 유쾌하고 명예스럽게, 자유 민주주의를 회복했다는 자부와, 내가 이렇게 감으로써 자유 민주주의는 확실히 보장되었다는 확신을 갖고 즐겁게 갑니다. 아무쪼록 대한민국의 무궁한 발전과 대한민국 민주주의의 영원한 발전과 10·26 민주 회복 혁명, 이 정신이 영원히 빛날 것을 저는 믿고 또 빌면서 갑니다. 국민 여러분, 민주주의를 마음껏 만끽하십시오.

6 서울의 봄에서 5·18과 6·10으로

김재규의 총성으로 군사 독재는 이 땅 위에서 사라지는 듯했어요. 국민들의 가슴속에 민주주의에 대한 희망이 솟아올랐지요. 이 시기를 '서울의 봄'이라고 합니다.

그러나 그것도 잠시, 당시 보안사령관이었던 전두환과 9사단장 노태우가 육군 참모총장을 무력으로 제거하고 정권을 장악하는 군사 쿠데타를 일으켰어요. 1980년 5월 17일에는 전국에 계엄령(국가 비상시 대통령이 군사권을 발동하는 명령)을 내리고 민주화를 부르짖는 사람들을 체포하기 시작했습니다.

자, 지금부터 80년대 등장한 신군부는 어떻게 민주주의를 탄압했는지, 그리고 민주주의를 열망하는 국민은 민주화를 위해 무엇을 했는지 알아볼까요?

 찾아갈 곳

광주, 연세대학교, 서울역, 명동성당, 서울시청 앞 광장

1. 민주주의의 성지, 광주

"아, 오월! 그날이 다시 오면 우리 가슴에 붉은 피 솟네."

1980년 5월, 광주는 학생들과 시민들의 피로 물들었어요. 민주화를 위해 앞장선 많은 사람들이 목숨을 잃었지요. 광주는 민주화 운동과 떼어 놓고 말할 수 없을 정도로 중요한 도시예요.

광주

5·18 민주화 운동 궐기대회

　　박정희가 서거한 뒤 전두환을 중심으로 한 신군부가 정권을 잡으려 하자 전라남도 광주에서는 대규모 민주화 운동이 일어났어요. 신군부는 광주의 민주화 요구 시위를 진압하기 위해 공수부대를 보내 시민과 학생을 무참히 학살했어요. 그리고 광주 시위가 공산 세력과 관계 있다는 거짓 소문을 퍼뜨렸어요. 당시 광주 시민들의 희생을 '5·18 민주화 운동'으로 기리고 있습니다.

> **더 알아보기**
>
> 5·18 기념재단　　www.518.org
> 국립 5·18 민주 묘지　　518.mpva.go.kr

현장활동

광주에 있는 국립 5·18 민주 묘지의 역사 마당에는 일곱 개의 부조가 우리나라 근현대사의 일곱 장면을 나타내고 있어요. 각각에 해당하는 사건을 보기에서 찾아 쓰고 역사적 순서대로 번호를 써 보세요. 이 중에는 아직 일어나지 않은 미래의 역사도 있답니다.

2. 젊은 민주의 꽃, 박종철 · 이한열 열사

박종철 군 죽음의 진상을 보도한 동아일보

'탁' 치니 '억' 하고 죽었다

이 말은 전두환 독재 정권이 박종철 군의 죽음의 진실을 국민에게 감추기 위해 지어낸 말이에요. 1987년 1월 서울 남영동 치안본부 대공분실에 끌려온 서울대생 박종철 군(당시 22세)은 경찰들의 물고문을 견디지 못해 숨졌어요. 경찰은 이 사건을 속이고 감추려고 했으나 부검을 담당했던 의사의 양심 선언과 1987년 5월 18일 천주교 정의구현사제단의 폭로로 세상에 드러나게 되었어요. 그리고 이 사건은 곧 6월 민주 항쟁을 부르게 됩니다.

피 흘리는 이한열 군의 모습을 그린
최병수 씨의 걸개그림

한열이를 살려 내라

6월 민주 항쟁의 도화선이 된 또 하나의 사건이 있었어요. 이한열 군이 경찰이 쏜 최루탄을 머리에 맞고 사망한 사건이에요. 1987년 연세대학교 학생이었던 이한열 군은 1987년 6월 9일, 다음 날 있을 6·10 대회의 결의를 다지는 시위에 참여했어요. 그러던 중 경찰이 쏜 최루탄을 맞고 병원으로 옮겨졌으나 결국 숨을 거두고 말았습니다. 이 사건으로 6월 민주 항쟁은 활화산처럼 일어나게 되었어요.

연세대학교 100주년 기념관 옆에 이한열 열사를 추모하는 기념비가 세워져 있습니다. 비석에 새겨진 추모시를 읽고 느낌을 말해 봅시다.

3. 6월 민주 항쟁과 386세대

386세대, 무슨 뜻인지 아세요?

1987년 6월 10일, 서울역 광장에는 민주화를 외치는 서울 시민 수천 명이 모였어요. 이 시위를 6월 민주 항쟁 또는 6·10 민주 항쟁이라고 하지요. 이 시위에는 사무실에서 근무하던 흰 와이셔츠를 입은 회사원들까지 한 무리를 형성하고 있었어요. 수녀들은 의약품을 챙겨 명동성당을 찾아왔고, 고등

민주화를 외치는 서울 시민들

학생들은 도시락을 챙겨 시위하는 사람들에게 전달했어요. 군사 독재를 반대하는 시위가 사회 모든 계층이 참여하는 항쟁으로 발전한 거예요. 1990년대 30대의 나이로 이 항쟁의 중심에 섰던, 1980년대 군사 독재를 경험한, 1960년대에 태어난 사람들을 386세대라고 합니다. 이들은 우리 사회에서 새로운 사회 계층을 형성하고 있지요.

4. 민주화 운동의 성지, 명동성당

6월 민주 항쟁 기간에 명동
성당에서는 군사 독재에 반대
하는 시위가 계속 열렸습니다.
진압에 나선 경찰도 성당에서
시위하는 사람들은 함부로 진
압하지 못했습니다. 또, 6월 민
주 항쟁에는 종교인들도 적극
적으로 참여했습니다. 그들은
경찰의 무력 진압을 반대하고
평화를 외쳤습니다.

군사 독재에 반대하고 평화를 외치는 종교인들

명동성당에 가 봅시다. 시위를 하고 있는 사람들이 있나요? 무엇을
요구하는 시위인가요?

5. 노태우와 6·29선언

6월 민주 항쟁이 계속되자 전두환 정권의 대
통령 후보였던 노태우는 6·29 선언을 통해 민주
적인 헌법을 만드는 등 민주화에 대한 약속을 합
니다. 이로써 6월 민주 항쟁은 막을 내리게 되었
습니다. 민주화에 대한 열망이 높아지는 가운데
야당의 민주 진영 대통령 후보였던 김영삼과 김

노태우의 직선제 개헌 선언을
보도한 신문

대중은 단합하지 않고 각각 대통령 후보로 출마했어요. 야당의 분열을 틈타 민주정의당의 노태우 후보는 어부지리로 대통령에 당선되었고 제6공화국이 출범했어요. 군사 독재는 다시 5년간 연장되었습니다.

역사와 함께한 서울시청 앞 광장

서울시청 앞 광장은 우리 역사와 함께한 공간이에요. 그 옛날 대한제국의 최후를 지켜 보았으며, 수십만 시민들이 6월 민주 항쟁으로 민주화 열기를 뿜어낸 곳이기도 합니 다. 2000년대에 들어서도 시민들의 의견을 표출하고 소통하는 공간으로 대규모 촛불 집회가 수차례 열리기도 했으며, 2002년 월드컵을 맞아 붉은 악마의 광장으로 다시 빛을 발하기도 했습니다. 또한 2009년 노무현 대통령과 김대중 대통령의 서거를 추모 하는 마음으로 시민들이 모이는 장소가 되기도 했습니다.

시청 앞 광장에 모인 붉은 악마

이한열 열사 국민장에 모인 사람들

다른 나라의 광장에 대해 조사하고 시청 앞 광장과 비교해 보세요. 또, 시민들에게 광장이 어떤 의미인지 생각해 봅 시다.

6. 근로자에서 노동자로

최병수 씨가 그린 노동해방도 걸개그림

6월 민주 항쟁은 6·29 선언으로 막을 내렸지만, 새로운 역사의 막이 오르고 있다는 것을 아무도 몰랐어요. 그동안 스스로 주인이 될 수 없었던 노동자들이 민주화의 열기 속에 스스로의 삶을 바꾸어 나가기 시작한 것이지요.

민주주의를 외친 울산 노동자들의 함성

잠시 경상남도 울산으로 가 볼까요? 울산은 중화학공업이 크게 발달한 도시예요. 공장이 많다 보니 노동자 숫자도 당연히 많겠지요. 1987년 민주화의 물결을 타고 울산에서도 민주주의를 향한 큰 시위가 일어났어요.

울산 ★

노동자 대투쟁

1987년 7월 5일 울산의 현대 엔진 노동조합(노조) 결성은 노동자 대투쟁의 서막이었어요. 쟁의(노동자가 고용자에게 노동 조건 개선 등을 요구하는 것)와 노동조합 조직은 울산에서 시작되어 부산·마산 등 영남의 남동 공업 지역으로 확산됐고, 8월 이후에는 수도권을 비롯한 전국에서 발생했어요. 1987년 7월부터 9월까지 3개월 동안 전국적으로 발생한 우리나라

노동자 대투쟁

최대 규모의 집단적인 저항 운동을 '노동자 대투쟁'이라고 해요. 노동자 대투쟁에 참가한 총 인원은 122만 명, 3개월 동안 발생한 총 쟁의는 3,311건으로 하루 평균 30여 건을 넘어섰고, 8월에만 하루 평균 83건 꼴로 쟁의가 발생했어요.

노동자도 인간이다

노동자들의 요구는 주로 임금 인상, 노동 조건 개선 등에 집중되어 있었지만, 과거와 달리 사용자(노동자를 고용한 사람)의 부당 노동 행위(불법 해고 등 노동자를 부당하게 대우하는 것)에 대한 비판과 노동자들에 대한 인간적인 대우도 요구 대상이었어요. 이러한 요구들이 민주노조의 결성으로 발전된 것이지요.

다음은 1980년부터 1989년까지 노동조합의 수를 그래프로 나타 낸 것입니다. 앞에서 본 역사적인 사건과 노동조합의 수는 어떤 관계가 있을까요?

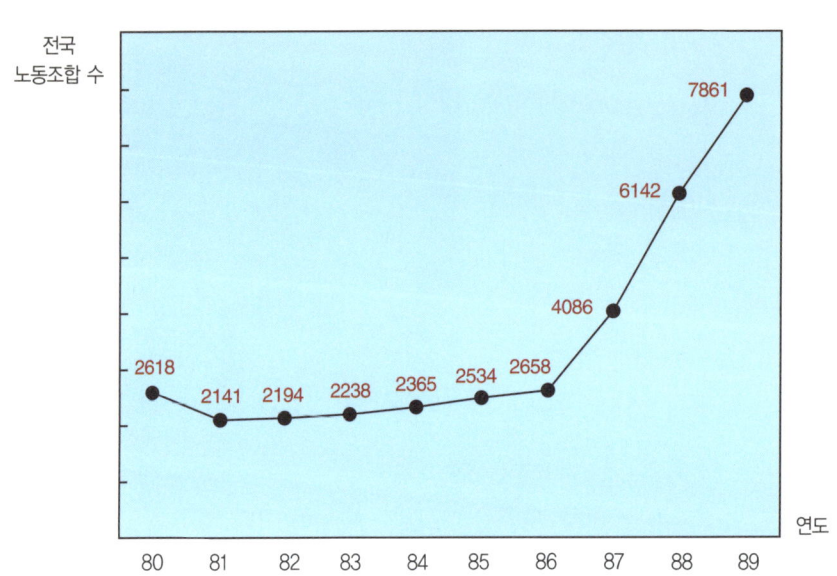

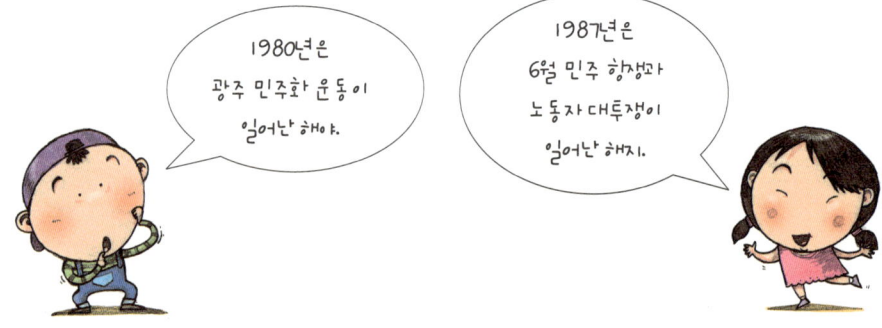

1980년은 광주 민주화 운동이 일어난 해야.

198 7년은 6월 민주 항쟁과 노동자 대투쟁이 일어난 해지.

더 알아보기

인터넷으로 만나는 6월 항쟁   www.610.or.kr

7 사회 민주화와 시민 단체의 성장

낙선 운동

호주제 폐지 서명 운동

지구의 날

노동단체 집회

1990년대는 우리나라의 민주화 운동이 성숙해진 시기라고 할 수 있어요. 시민 단체의 성장도 그 속에서 이루어졌지요. 시민 단체는 시민들이 스스로 관심을 갖는 일에 따라 힘을 합쳐 뜻을 펼치는 단체입니다. 환경, 여성, 노동, 경제 등 여러 다양한 주제에 따라 단체들이 만들어지고 있어요.

자, 그러면 시민 단체는 어떤 일을 하는 곳인지 찾아가 볼까요?

 찾아갈 곳

참여연대, 민주노총, 환경운동연합

1. 전국 민주노동조합 총연맹

부모님이 회사나 공장에서 일하는 노동자라면 노동조합에 가입되어 있을 거예요. 노동조합은 노동자들이 자신의 권리와 이익을 보호하기 위해 만든 단체예요. 우리나라는 민주노총(전국 민주노동조합 총연맹)과 한국노총(한국 노동조합 총연맹) 두 단체 아래 많은

노동조합이 가입돼 있어요. 이 중에서 민주노총은 민주화 운동과의 연계 속에서 만들어졌답니다.

민주노총의 창립 선언문을 읽고 민주노총을 만든 목적이 무엇인지 생각해 봅시다.

> 생산의 주역이며 사회 개혁과 역사 발전의 원동력인 우리들 노동자는 오늘 자주적이고 민주적인 노동조합의 전국중앙조직, 전국 민주 노동조합 총연맹의 창립을 선언한다. 〔……〕 87년 노동자 대투쟁 이후 2,000여 명에 이르는 구속자와 5,000여 명이 넘는 해고자를 낳는 등 온갖 탄압 속에서도 조직을 확대 발전시켜 왔으며 〔……〕 민주노총으로 결집한 우리는 인간다운 삶과 존엄성을 유지할 수 있는 노동 조건의 확보, 노동 기본권의 쟁취, 노동 현장의 비민주적 요소 척결, 산업 재해 추방과 남녀 평등의 실현을 위해 가열차게 투쟁할 것이다. 나아가 우리는 사회의 민주적 개혁을 통해 전체 국민의 삶의 질을 개선함과 더불어 조국의 자주, 민주, 통일을 앞당기기 위해 가열찬 투쟁을 전개할 것이다. 이와 함께 우리는 국경을 넘어서서 전세계 노동자의 단결과 연대를 강화하고 침략 전쟁과 핵무기 종식을 통한 세계 평화 실현을 위해 노력할 것이다.

민주노총의 깃발을 본 적이 있나요?

깃발에 표현된 노동자의 옆얼굴은 인간 평등과 노동자의 단결을 상징하고 있어요. 또 붉은색·흰색·회색, 3가지 색깔은 노동자의 열정·의연함·순수함을 담고 있답니다.

노동조합은 노동 3권을 갖습니다.

단결권! 단체교섭권! 단체행동권!

노동조합의 노동 3권

단결권은 노동조합을 만들 수 있는 권리입니다.

단체교섭권은 회사와 대등하게 교섭할 수 있는 권리입니다.

단체행동권은 근로 조건의 유지나 개선을 위해 회사에 대항할 수 있는 권리입니다.

이제 노동조합이 무슨 일을 하는 단체인지 알겠지요?

더 알아보기

민주노총   www.nodong.org

2. 참여연대

우리 사회에 가장 큰 영향력을 미치는 시민 단체는 어디일까요? 한 곳을 꼽는다면 참여연대를 들 수 있습니다. 종로구 통인동에 자리한 이곳에서는 어떤 일을 하고 있을까요? 참여연대에 직접 방문해서 참여연대에서 하고 있는 시민 운동에 대해 자세히 알아볼까요? 그곳에서 일하고 계신 분들께 여쭈어 보면 친절하게 알려 줄 거예요.

다음은 참여연대 창립 선언문의 일부입니다. 참여연대는 무엇을 하는 단체인지 알아봅시다.

우리는 변화에 변화를 거듭해 온 현실을 직시하면서 모두가 참여하는 사회, 정직하고 성실한 사람이 인간다운 삶을 영위할 수 있는 사회를 실현하기 위해 연대의 깃발을 들고자 합니다. 〔……〕 지금 우리는 시대적 전환기를 맞이하고 있으나 우리의 민주주의 기반이 얼마나 취약한가를 절감한다. 〔……〕 참된 민주주의를 건설하기 위한 행동은 사회와 정치 무대의 한복판에서, 그리고 국민 생활의 과정에서 일어나야 합니다. 〔……〕 국민이 명실상부한 나라의 주인이 되기 위해서는 매일매일 국가 권력을 엄정히 감시하는 파수꾼이 되어야 합니다. 〔……〕 우리는 '참여민주사회와 인권을 위한 시민연대(약칭 참여연대)'가 여러 시민들이 함께 모여, 다같이 만들어 가는 공동체의 조그만 밑거름이 되기를 바라 마지 않습니다. 모두가 힘을 합쳐 새로운 시대, 참여와 인권의 시대를 만들어 갑시다.

1994년 9월 10일

현장
활동

1. 현재 참여연대에서 벌이고 있는 가장 큰 캠페인은 무엇인가요? 사무실 밖에 걸려 있는 플래카드를 살펴보고 그 문구를 적어 보세요.

2. 참여연대에서 해마다 일궈 낸 많은 일 중에서 하나를 골라 자세히 조사해 봅시다.

운동 이름	
목 적	
방 법	
결 과	

3. 어린이가 참여할 수 있는 시민 운동에는 어떤 것이 있는지 알아봅시다.

더 알아보기

사이버 참여연대   www.peoplepower21.org

3. 환경운동연합

환경이 중요하다는 것은 이제 더 말할 것도 없죠! 그렇지만 오래전부터 환경에 대한 관심이 지금처럼 많았던 것은 아니에요. 우리 모두가 환경에 대해 관심을 갖게 된 데에는 환경 단체의 영향이 컸답니다.

환경 단체는 어떤 일을 할까요? 환경운동연합에 가서 알아볼까요? 환경운동연합은 종로구 누하동에 자리하고 있습니다.

'지구의 날' 행사에서 방독면을 쓴 이순신 장군

환경운동연합 가는 길

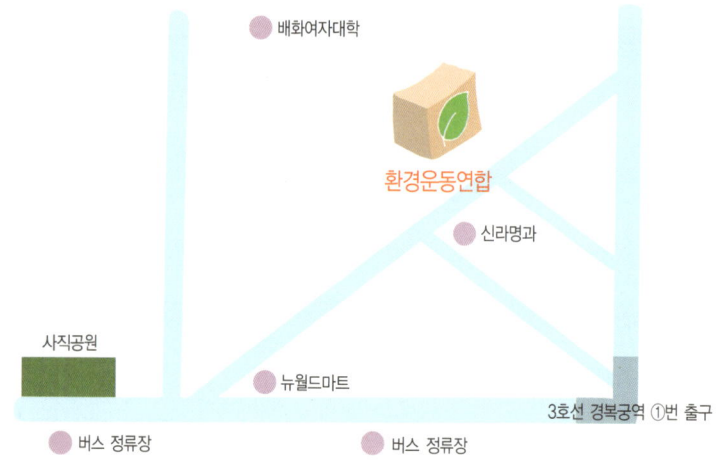

배화여자대학

환경운동연합

신라명과

사직공원

뉴월드마트

3호선 경복궁역 ①번 출구

버스 정류장

버스 정류장

배우고 실천하는 환경교육센터

환경운동연합 건물 3층에 있는 환경교육센터에서는 어린이들을 위한 여러 가지 체험학습 프로그램을 마련하고 있습니다. 야생화 관찰하기, 보릿대로 여치집 만들기, 지점토 공예, 천연 염색, 풍력 태양열 발전 실험 등 재미있고 알찬 프로그램이 많이 있지요. 기회가 된다면 환경교육센터의 체험학습에 참여해서 환경을 사랑하고 환경을 살리는 일에 동참해 보는 것도 좋겠지요?

환경교육센터에서 생태교육관을 둘러봅시다. 전시관을 둘러보면서 환경 문제에 대해 새롭게 알게 된 사실 한 가지를 써 봅시다.

환경운동연합에서 하는 일

갯벌을 보호합니다.

공해 없는 에너지를 연구합니다.

핵을 반대합니다.　　　　　　　　　야생 동식물을 보호합니다.

유전자 조작을 반대합니다.　　　　세계 환경 단체와 연대합니다.

더 알아보기

환경운동연합　　www.kfem.or.kr
환경교육센터　　edutopia.or.kr

잠깐 퀴즈 정답

57쪽

광장은 사람들이 모이고 자유롭게 이용할 수 있도록 개방된 공공 시설물입니다. 역사적으로 대표적인 광장에는 고대 그리스의 아고라, 반원극장 아크로폴리스 등이 있습니다. 이곳은 시민들이 모여 토론을 하고, 정치적인 활동을 벌이는 곳이었습니다. 오늘날에도 세계 여러 나라의 광장은 사람들이 쉬어 가거나 정치적 공감대를 이루는 공간으로 이용되고 있습니다. 독재 정치를 하는 국가에서는 이를 막기 위해 광장을 통제하지만, 민주화된 국가에서는 광장이 지금까지도 시민들의 쉼터이자 자유로운 의사소통 공간으로 이용되고 있습니다.

60쪽

그래프를 보면 1980년을 지나면서 노동조합의 수가 줄어든 것을 알 수 있습니다. 1980년 5·18 광주 민주화 운동 이후 전두환 정권이 시행한 이른바 노동조합정화조치에 따라 수많은 노동자들이 강제로 직장에서 해고됐기 때문이에요. 그러나 1987년 6·10 민주 항쟁과 노동자 대투쟁의 열기 속에 노동자들은 다시 노동조합을 만들고 정당한 권리를 되찾기 위해 노력했습니다.

현장 활동 도우미

19쪽

2. 일제강점기(1910~1945) → 8·15광복(1945) → 대한민국 정부 수립(1948)
→ 한국전쟁(1950~1953)

44쪽

① 경복궁 광화문 현판, ④ 탑골공원 현판

52쪽

① 임진왜란 ④ 동학 혁명 ③ 3·1 운동 ⑥ 광주 학생 운동 ⑤ 4·19 혁명
② 5·18 광주 민주화 운동 ⑦ 남북 통일

알쏭달쏭 십자말풀이

	1		2			3		4
5								
					6			
					7			
		8		9				
	10					11		12
13				14				

가로 열쇠

3. 이승만이 생활하던 집의 이름
5. 4·19 혁명, 5·18 민주화 운동, 6·10 민주 항쟁의 공통점은?
7. 박정희는 대통령 장기 집권을 위해 ○○ 헌법을 만들었어요.
8. 민주화 운동의 성지가 된 성당
11. 5·18 광주 민주화 운동을 진압하고 대통령이 된 사람
13. 대한민국 임시정부를 이끌었으며 단독 정부 수립을 반대한 인물
14. 우리나라가 일제로부터 해방된 날. ○○○ 해방

세로 열쇠

1. 1980년 군사 독재와 총을 들고 맞서 싸운 도시
2. 건국준비위원회를 세우고 좌우 합작 운동을 주도한 사람
4. '개헌 청원 백만인 서명 운동'으로 유신 독재에 맞선 사람
5. 국민이 주인이라는 생각, 또는 국민이 주권을 가지는 정치 제도
6. 3·15 부정 선거를 주도한 정당
9. 정당이나 단체가 어떤 일에 대한 주장을 밝힌 글
10. 이승만 독재에 항거하여 일으킨 학생 운동. ○○○ 혁명
11. 평화시장의 노동 조건을 개선하려다 분신한 젊은 노동자
12. ○○운동연합에서는 갯벌 보호, 강 살리기, 동물 보호 등의 일을 해요.

알쏭달쏭 십자말풀이 정답

	¹광		²여			³이	화	⁴장
⁵민	주	화	운	동				준
주			형		⁶자			하
주				⁷유	신			
의		⁸명	동	⁹성	당			
	¹⁰사		명		¹¹전	두	¹²환	
	일		서		태		경	
¹³김	구			¹⁴팔	일	오